LE DENIER

DE

SAINT PIERRE

BROCHURE EN UN ACTE

PAR

CHARLES HABENECK.

PARIS

E. DENTU, LIBRAIRE-ÉDITEUR

PALAIS-ROYAL, 13, GALERIE D'ORLÉANS

—

1861

LE DENIER

DE

SAINT PIERRE

BROCHURE EN UN ACTE

PAR

CHARLES HABENECK

PARIS

E. DENTU, LIBRAIRE-ÉDITEUR

PALAIS-ROYAL, 13, GALERIE D'ORLÉANS

1861

Tous droits réservés

LE
DENIER DE SAINT PIERRE

BROCHURE EN UN ACTE.

———————— ⚬✦⚬ ————————

PERSONNAGES :

M. Joseph GARIBAUT, ancien négociant.
Mme J. GARIBAUT, sa femme, vingt-huit à trente ans.
Mlle Eugénie GARIBAUT, sa belle-sœur, cinquante à cinquante-cinq ans.
Mlle DE LAUSAC, vieille demoiselle.
Mme DUBOIS, jeune femme.
M. Rodolphe DE LAUSAC, neveu de Mlle de Lausac, vingt à vingt-deux ans.
CATHERINE, bonne de Garibaut.

La scène est à Paris, chez Garibaut, dans un salon.

——— —— ———

SCÈNE PREMIÈRE.

GARIBAUT, CATHERINE.

GARIBAUT (*Il entre furtivement.*)

Catherine !

CATHERINE.

Monsieur !

GARIBAUT.

Pas si haut, donc ! Ma femme est dans sa chambre. Approche ! Chut ! chut !

CATHERINE.

Me voilà, Monsieur. Pour me faire taire vous faites plus de bruit que moi.

GARIBAUT.

Eh bien ! Où en sommes-nous ?

CATHERINE.

Qui ça, Monsieur ?

GARIBAUT.

Chut ! chut ! tu sais bien. Mon secrétaire, c'est-à-dire le copiste, a-t-il fini ?

CATHERINE.

Oui, Monsieur, il est venu tout à l'heure me dire qu'il attendait la fin. Il a travaillé toute la nuit, le pauvre jeune homme. Il paraît que Monsieur a une écriture de chat. Et puis vous ne mettez ni points, ni virgules, ni accents, ni...

GARIBAUT.

Ne crie donc pas comme cela, malheureuse, si ma femme t'entendait ! si elle savait ce que je fais !

CATHERINE.

Qu'est-ce que vous faites donc, Monsieur?

GARIBAUT.

A ce que raconte l'histoire, Napoléon écrivait mal, et je suis sûr que mon illustre parent, le héros (*il se découvre*) le héros de l'Italie a, lui-même, une écriture qui laisse beaucoup à désirer.

CATHERINE.

Mais, Monsieur, qu'est-ce donc que toutes vos écritures ?

GARIBAUT.

C'est... c'est... D'abord le *Siècle* est-il arrivé ce matin?

CATHERINE.

Oui, Monsieur.

GARIBAUT.

As-tu renouvelé la quittance d'abonnement ? en ton nom, en ton propre nom, puisque ma femme ne veut pas me permettre de recevoir officiellement le journal que j'aime, sous prétexte qu'on lui défend de me le permettre !

CATHERINE.

Oui, Monsieur, voilà le journal et voilà la quittance.

GARIBAUT.

Ecoute, maintenant, Catherine, tu vas voir se dérouler devant toi tous les secrets de ma conscience politique, d'homme et de citoyen. Car j'en ai une conscience, moi, à notre époque, où tant d'autres n'en ont plus... (*A part.*) C'est une allusion !

CATHERINE.

Une illusion, Monsieur. Illusions... perdues. J'ai une gravure comme cela dans ma chambre !

GARIBAUT.

Non, une allusion, *al* lusion, politique d'allusion. Tu ne sais pas ce que c'est que cela, toi ! Moi aussi je suis resté longtemps sans le savoir ! mais maintenant je vais te l'apprendre. Tu fais une phrase quelconque dans laquelle tu attaques, tu menaces ou tu condamnes sans nommer personne ; tu prononces ta phrase avec affectation, et il se trouve toujours là, à point nommé, un imbécile qui la ramasse et la jette au nez de quelqu'un. Voilà le procédé. — Je ne l'ai pas inventé, mais je m'en sers parce qu'il est commode... Oui, j'ai promis de tout te dire, je t'ai vue si jeune, — et puis les cuisinières sont pour moi des frères !

CATHERINE.

Oh ! Monsieur.

GARIBAUT.

C'est peut-être beaucoup dire, en effet, mais quand j'ai avancé une bêtise je ne la retire jamais. C'est le meilleur moyen de s'en sortir ! Je te disais donc... mais tu m'interromps toujours ! — Catherine ! Serais-tu fière de voir couler dans mes veines le sang de Garibaldi ! (*Il salue*) du libérateur de l'Italie méridionale !

CATHERINE.

Ça dépend, Monsieur, je ne connais pas assez Garibaldi pour cela. Mais enfin, Monsieur, si cela vous faisait bien plaisir !

GARIBAUT.

Généreuse enfant ! Tu as échappé à la funeste influence de ma femme, tu as écouté ta conscience, ton cœur a tressailli à ce beau nom de Garibaldi, tu l'aimes sans le connaître, ce soldat magnanime ! Tu voudrais le presser sur ton sein, ce grand vainqueur des rois ou sinon baiser sa main. Ton sang s'échaufferait au contact du sien. Eh bien ! baise donc cette main, car c'est son sang ! (*Il tend la main à Catherine, qui hésite*). Baise, te dis-je !

CATHERINE.

Mais, Monsieur.

GARIBAUT.

Baise, baise, te dis-je !

(Catherine baise à plusieurs reprises la main de Garibaut ; Mme Garibaut entre en ce moment sur la scène et voit le jeu de Catherine et de Garibaut.)

MADAME GARIBAUT.

Mon mari ! Quelle infamie !

(Elle sort sans être vue.)

GARIBAUT.

Oui, baise, car c'est là son sang. Les liens de la parenté la plus étroite m'unissent à lui. Des papiers de famille, égarés sans doute, car je ne les ai jamais vus et n'en ai jamais entendu parler, te le prouveraient certainement. Mais ta raison va te le dire. Garibaldi est un nom ostrogoth italianisé. Garibald—i. On trouve dans Corneille un duc Garibald. Or, — suis bien mon raisonnement, — mon nom, à moi aussi, est ostrogoth, c'est-à-dire lombard.

CATHERINE.

Mais, Monsieur, vous vous appelez Garibaut.

GARIBAUT.

Il est lombard, te dis-je.

CATHERINE.

Est-ce parce que vous avez habité la rue des Lombards où vous avez fait fortune.

GARIBAUT.

Ignare que tu es ; Garibaut c'est la même chose que Garibald. Ce *l* et ce *d* de l'ostrogoth se sont changés en *aut* en français. Si tu allais seulement deux heures à l'école des Chartes tu le saurais.

CATHERINE.

Après tout, c'est bien possible, cheval fait bien chevaux.

GARIBAUT.

Oui, moi et Garibaldi nous sommes de la même famille, quoique ces deux branches d'un même tronc, séparées par les Alpes, aient eu une destinée bien différente. Oh ! Si tu savais combien immense a été ma joie dans cette nuit, où, face à face avec mon nom, j'ai compris mon origine. Y songes-tu ? Conquérir du même coup la noblesse séculaire et la parenté d'un héros. Et ne pas pouvoir m'en ouvrir à ma femme, à ma sœur qui, avec leurs opinions rétrogrades, se font une vie séparée de la mienne !

CATHERINE.

C'est vrai cela, Monsieur.

GARIBAUT.

Depuis ce jour, — c'est-à-dire depuis cette nuit, un nouvel horizon s'est éclairci devant moi. Je suis jeune encore, j'ai quarante-huit ans, une fortune honorablement gagnée dans la droguerie en gros, ma liberté ; je puis faire beaucoup pour mon pays, et si je ne prends pas l'épée, je puis au moins brandir la plume. Avec mon sang, avec ma position, pouvais-je rester étranger aux événements politiques dans lesquels l'un des miens joue un si grand rôle. Non, j'ai pris la plume, j'ai fait.... une brochure. *A Garibaldi !* voilà mon titre. Depuis deux mois je travaille secrètement. Voilà d'où proviennent ces préoccupations incessantes que ma femme et toi vous me reprochez. Ce que ce jeune homme copie, c'est ma brochure, appelée à faire une immense sensation.

CATHERINE.

Une brochure, Monsieur ? c'est un petit livre plat comme une punaise, qui contient dix fois moins de choses qu'un journal, et qu'on achète dix fois plus cher.

GARIBAUT.

C'est que parfois une brochure c'est une révolution !

CATHERINE.

Mais, Monsieur, il devrait y avoir autant de révolutions qu'il y a de jours dans l'année, car j'ai entendu dire qu'il paraissait une brochure par jour.

GARIBAUT.

Oui, mais il y a brochure et brochure! Oh! la mienne, vois-tu;
—ce n'est pas pour me faire un compliment,—mais c'est ce qui
a été fait de plus fort. Parfois il me passe une sueur froide, et
la main sur ma conscience d'honnête citoyen, je me demande
si je ne dois pas faire taire en moi la vérité, si je ne m'expose
pas à trop de dangers. Mais non, non, je dois parler... Je com-
mence d'abord par revendiquer ma parenté avec Garibaldi,
puis j'esquisse à grands traits le traité de commerce entre la
France et l'Angleterre, je touche à la question des loyers, et
j'arrive à la grande question du pouvoir temp... Chut! ma
femme et ma sœur, deux dévotes, deux ennemies. Silence! Catherine! Les prêtres peuvent tout. Ma vie est entre tes mains.

CATHERINE (*A part*).

Ma parole, il est fou!

SCÈNE II.

GARIBAUT, MADAME GARIBAUT, EUGÉNIE GARIBAUT, CATHERINE.

EUGÉNIE (*à Madame Garibaut*).

Surtout contenez-vous.

MADAME GARIBAUT.

Oh! je sais tout souffrir et tout pardonner (*à part*)... maintenant, pour me venger plus tard.

GARIBAUT (*bas à Catherine*).

Je vais finir les dernières pages et je te les remettrai tout à
l'heure. Va.

(Elle sort.)

MADAME GARIBAUT (*à sa belle-sœur*).

Il n'a même pas honte de sa faute. Il porte la tête haute.

EUGÉNIE (*à Madame Garibaut*).

Les hommes ne se croient jamais coupables, ma chère (*à
Garibaut qui va sortir*). Tu t'en vas, Garibaut, sans nous
adresser la parole.

GARIBAUT.

Avez-vous quelque chose à me dire. Non? Eh bien! je m'en
vais. N'est-ce pas aujourd'hui votre jour de réception. N'allez-
vous pas recevoir vos bonnes amies, les saintes, les dévotes,
vénérable troupeau dont je suis la brebis galeuse. Cette chère
demoiselle de Lausac ne va-t-elle pas arriver avec son séminariste de neveu, vous donner des nouvelles de ce bon monsieur
le curé.—Eh bien! tous ces gens-là, je les hais, moi, et comme
je ne veux pas que l'on se sacrifie, que l'on ferme sa porte à
des amies à cause de moi, alors je me retire, je me sacrifie.

MADAME GARIBAUT.

Qui peut se plaindre d'être sacrifiée si ce n'est moi.

EUGÉNIE.

Pourquoi ne pas accepter les idées de votre femme.

GARIBAUT.

Parce qu'il est des natures particulières qui doivent s'élever au-dessus du niveau intellectuel autant que la grandeur de leur race les élève au-dessus du vulgaire.

EUGÉNIE.

Que veulent dire ces paroles?

GARIBAUT.

Je me retire, vous dis-je, Mesdames, je me retire. Encore un coup je vais travailler à la grandeur d'un nom déjà bien glorieux que vous portez, Madame, sans savoir qu'il est synonyme d'héroïsme.

SCÈNE III.

MADAME GARIBAUT, EUGÉNIE.

MADAME GARIBAUT.

Oh! la belle sortie manquée. Il emploie je ne sais quel prétentieux pathos et attaque mes bonnes amies (*à part*)... pour ne pas me laisser le temps de parler des siennes.

EUGÉNIE.

Les hommes! Au reste, je sais ce que je sais. Dieu merci! ce n'est pas que je l'ai expérimenté; mais une vieille fille comme moi sait que penser d'eux.

MADAME GARIBAUT.

Ce n'est décidément pas dans son ménage que la femme trouve son bonheur et sa dignité. C'est à l'église, dans son dévouement à Dieu. Ah! ma chère amie, la femme n'est aimée que par une seule personne en ce monde, par son directeur... (*Pleurant.*) Le voir me préférer une bonne, j'en mourrai de rage.

EUGÉNIE.

Ce n'est pas parce que c'est mon frère, mais c'est une infamie. Mais parlons d'autre chose. Vous ai-je dit que Mlle de Lausac m'avait écrit au sujet de la collecte du Denier de saint Pierre. Donnerez-vous?

MADAME GARIBAUT.

Oui. Mais... je puis à peine suffire aux dépenses de ma toilette avec l'argent que mon mari me donne, et je ne pourrais lui en demander pour ce motif. Il serait capable de me tuer!

EUGÉNIE.

C'est extraordinaire : les jeunes femmes dépensent un argent fou pour leurs toilettes. Moi, je ne dépense presque rien.

MADAME GARIBAUT.

A votre âge, cela n'est pas étonnant.

EUGÉNIE.

A mon âge, à mon âge ! Vous l'aurez aussi, mon âge.

MADAME GARIBAUT.

Eh ! quand j'aurai votre âge je ne dépenserai pas plus que vous.

EUGÉNIE.

Ah ! ah ! c'est ce que nous verrons ! Les jeunes femmes sont incroyables. Elles se figurent qu'elles ne vieilliront jamais.

On entend deux coups de sonnette.

MADAME GARIBAUT.

Assez ! voici du monde.

EUGÉNIE.

Et si je ne veux pas me taire, moi, vous m'imposerez silence, peut-être !

SCÈNE IV.

MADEMOISELLE DE LAUSAC, MADAME DUBOIS, RODOLPHE DE LAUSAC, MADAME GARIBAUT, EUGÉNIE, CATHERINE.

CATHERINE.

Mlle de Lausac, Mme Dubois, M. Rodolphe de Lausac. (*A part, pendant que l'on se salue.*) Voici le conseil de fabrique au complet.

EUGÉNIE (*à mademoiselle de Lausac*).

Bonjour, chère demoiselle. Vous êtes bien ainsi que M. Rodolphe.

MADEMOISELLE DE LAUSAC.

Merci, chère petite, nous allons bien. Cependant j'ai toujours mes douleurs.

MADAME GARIBAUT (*à madame Dubois*).

Par quel heureux hasard vous vois-je toutes deux en même temps ?

MADAME DUBOIS.

J'ai rencontré Mlle de Lausac à la porte et nous sommes montées ensemble.

MADEMOISELLE DE LAUSAC.

Oui, et vous m'avez fait monter trop vite, j'ai mes palpitations. Rodolphe, mon flacon ?

RODOLPHE.

Voilà, ma tante.

MADEMOISELLE DE LAUSAC (*bas à Eugénie*).

Elle a encore payé une voiture devant moi. Je vous le dis, c'est tous les jours la même chose. Toujours en voiture. Je ne sais pas comment son mari y suffit. Les appointements d'un chef de division au Ministère ne doivent pas être suffisants pour payer les voitures et les toilettes de Madame.

EUGÉNIE (*bas à mademoiselle de Lausac*).

C'est ce que je disais tout à l'heure. Vous savez que nous nous entendons toutes les deux.

MADAME GARIBAUT.

Eh bien ! Mesdames, que nous direz-vous de nouveau ? Que se passe-t-il dans Paris?

MADEMOISELLE DE LAUSAC.

La grande affaire du jour, c'est le Denier de saint Pierre. C'est pour cela que je viens.

MADAME DUBOIS.

La collecte va-t-elle bien ?

MADEMOISELLE DE LAUSAC.

Si elle va bien, — Certes. Demandez à mon neveu. Hier soir, M. le curé est venu à la maison faire la partie, et il nous a dit qu'on avait déjà des millions.

EUGÉNIE.

Vraiment!

RODOLPHE.

Oui, Madame (*se reprenant*), Mademoiselle.

MADEMOISELLE DE LAUSAC.

Cela n'a rien d'extraordinaire. Ce sont les femmes qui ont pris la direction de l'affaire. Si les hommes s'en mêlaient, eux seuls n'arriveraient à rien.

MADAME GARIBAUT.

Sans compter qu'ils sont déjà un grand obstacle au développement de l'œuvre.

MADAME DUBOIS.

Oh oui !

MADEMOISELLE DE LAUSAC.

Parce que les femmes font la folie de leur demander permission au lieu d'agir à leur guise. Mais que voulez-vous ? Les femmes sont des enfants en lisières.

MADAME DUBOIS.

Mon mari m'a défendu de donner.

MADEMOISELLE DE LAUSAC.

C'est du despotisme ! Et s'il vous défendait de lever les

yeux, d'aller au bal ! vous lui obéiriez aussi. En donnant aux hommes leur liberté, on perd la sienne et l'on s'expose à bien des choses.

EUGÉNIE.

Il est vrai que je suis demoiselle, Dieu merci ; mais je ne me figure pas que les hommes puissent prendre une telle autorité sur notre sexe.

MADAME DUBOIS (*à madame Garibaut*).

Vous pleurez, chère amie.

MADAME GARIBAUT.

Ce n'est rien, j'ai un peu mal aux nerfs aujourd'hui !

EUGÉNIE (*à part*).

Pleurer ainsi devant tout le monde, devant un jeune homme, c'est joli.

MADEMOISELLE DE LAUSAC (*à Eugénie*).

Je le savais bien, moi, qu'elle n'était pas heureuse ! (*à Rodolphe*). Rodolphe, sois donc à la conversation. N'aie donc pas toujours le nez dans des livres.

RODOLPHE.

Oui ! ma tante.

MADEMOISELLE DE LAUSAC (*à Eugénie*).

Il rendra sa femme heureuse, celui-là. Pas plus de volonté qu'une poule, innocent comme un agneau. Un vrai séminariste.

EUGÉNIE.

Ce n'est pas que mon frère ait mauvais caractère, mais il a des opinions . . . . . .

MADEMOISELLE DE LAUSAC (*à madame Garibaut*).

Ah, si j'étais à votre place, moi, j'en aurais bientôt raison. Mais, vous, vous courbez la tête, ce n'est pas cela. On se révolte, on proteste non pas ouvertement, mais secrétement. On organise une petite opposition incessante. On chicane sur tous les mots, sur tous les gestes, sur toutes les actions. On contredit, on réplique. Vous savez que votre mari aime un plat accommodé de telle ou telle façon, faites-le faire contrairement à ses goûts. Il est mécontent, il a mal à l'estomac. Après dîner, on l'agace, on le tourmente : dites blanc quand il dit noir, noir quand il dit blanc. Il ne veut pas sortir, sortez ; s'il veut sortir, restez. Aime-t-il la solitude, on invite quelques personnes qui lui sont désagréables à venir passer la soirée. Est-il religieux, on se moque de lui. S'il n'aime pas la religion, on se fait dévote, on invite son directeur à dîner, on fait maigre le vendredi et pendant le carême. Au bout de quelques semaines de ce système, il a beau se plaindre, crier, tempêter, il est muselé et bientôt obligé de se reconnaître vaincu.

MADAME GARIBAUT.

On jurerait que vous avez été mariée.

EUGÉNIE (*bas à mademoiselle de Lausac*).

Vous oubliez votre neveu.

MADEMOISELLE DE LAUSAC.

(*Haut*). Je sais cela comme si je l'avais fait (*bas à Eugénie*), il est trop jeune, il ne comprend pas.

MADAME DUBOIS.

C'est que c'est si difficile de faire de la peine à ceux que l'on aime.

EUGÉNIE.

Est-ce qu'ils craignent de vous faire de la peine ? Eux !

MADEMOISELLE DE LAUSAC.

Tenez, Madame Garibaut, vous souffrez. Je connais Garibaut; s'il n'était pas votre mari je vous dirais son fait (*à part*), c'est un gueux de voltairien. (*Haut.*) Si j'étais à votre place je me vengerais.

MADAME GARIBAUT.

Me venger, moi, mais comment?

MADAME DUBOIS.

Si ! Vengeons-nous ! C'est cela !

EUGÉNIE.

Vengeons-nous !

MADAME GARIBAUT.

Mais de quoi vous vengerez-vous, Eugénie ?

EUGÉNIE.

Du mal que les hommes auraient pu me faire comme époux.

MADEMOISELLE DE LAUSAC.

J'ai mon plan, écoutez. M. Garibaut est abonné au *Siècle* et M. Dubois à l'*Opinion nationale*, ce sont des voltairiens qui ne croient ni à Dieu ni au diable, mais à Garibaldi. Vengeons-nous. Organisons dans leur ménage une conspiration. Je vous ai déjà dit, je crois, que les dames du Faubourg Saint-Germain, — où je vais, — se réunissaient pour la collecte du Denier de saint Pierre. Elles forment des comités, il y a une présidente, une trésorière, une secrétaire, une archiviste. Créons entre nous un comité qui fera endiabler vos maris. Moi je serai la présidente naturellement. Vous, Madame Garibaut, vous êtes la plus riche, vous serez la trésorière.

MADAME GARIBAUT.

J'accepte.

EUGÉNIE.

(*A part*). Moi, je ne suis rien, jamais rien. Personne ne fait attention à moi.

MADAME DUBOIS.

Et qui sera secrétaire ?

MADEMOISELLE DE LAUSAC.

Vous.

MADAME DUBOIS.

Oui, mais c'est que j'ai beaucoup à faire aussi chez moi.

MADEMOISELLE DE LAUSAC.

Eh bien ! mon neveu sera sous-secrétaire. C'est lui qui fera tout. Quant à Eugénie, elle sera archiviste.

EUGÉNIE.

Il le faut bien, il n'y a plus que cette place là, je suis bien forcée de la prendre.

MADAME DUBOIS.

Ce sera très-amusant. Mon mari enragera, je n'en serai pas fâchée !

MADEMOISELLE DE LAUSAC.

Une bien noble cause, Madame, il nous faut y songer de suite.

MADAME GARIBAUT.

Mais vous avez disposé de Monsieur votre neveu sans savoir s'il pouvait accepter.

RODOLPHE.

Oh ! Madame, je suis trop heureux de pouvoir vous être utile ainsi qu'à ma tante. Au reste, j'ai un peu l'habitude. Je suis secrétaire de cinq ou six sociétés de bienfaisance.

MADEMOISELLE DE LAUSAC (*bas à Eugénie*).

Oui, je l'ai mis dans toutes les associations de charité. Cela fait faire de beaux mariages. (*Haut*). Eh bien ! ne perdons pas de temps. Je vais prévenir M. le curé.

MADAME DUBOIS.

Moi, je vais commencer de suite à faire la collecte chez mes amies.

EUGÉNIE.

Moi, je vais préparer ma commode pour serrer l'argent et les papiers.

MADAME GARIBAUT.

Et moi, que faut-il que je fasse?

MADEMOISELLE DE LAUSAC.

Mon neveu, si vous le permettez, va rester pour vous expliquer comment il faut tenir vos livres.

EUGÉNIE (*bas à mademoiselle de Lausac*).

Vous ne craignez pas de laisser ce jeune homme avec ma belle-sœur.

MADEMOISELLE DE LAUSAC (*bas à Eugénie*).

Madame Garibaut est d'âge à se garder. Je me suis bien gardée, moi ! Puis Rodolphe n'est pas dangereux.

MADAME DUBOIS.

Je m'en vais pour revenir plus tôt. Au revoir.

MADEMOISELLE DE LAUSAC.

Je descends avec vous. Rendez-vous général, ici, tout à l'heure. Nous ferons le premier versement de fonds entre les mains de notre chère trésorière. Adieu.

SCÈNE V.

MADAME GARIBAUT, RODOLPHE.

MADAME GARIBAUT (*à part*).

Ma position en face de ce jeune homme est assez singulière. Si mon mari... Ma foi, tant pis pour lui. Se gêne-t-il pour moi? (*A Rodolphe.*) Vous allez donc être, monsieur Rodolphe, mon professeur de charité?

RODOLPHE.

Je suis trop jeune pour que mon expérience m'en ait appris bien long, et, quoi que je sache, le cœur d'une femme comme vous, Madame, en sait plus long que moi.

MADAME GARIBAUT.

Je crois que vous venez de me faire un compliment ; si vous commencez par là !

RODOLPHE. (*Il se met à la table.*)

Madame, je ne dis jamais que la vérité. (*Il écrit.*) Comité pour la collecte du Denier de saint Pierre. Présidente, Mlle de Lausac. — Il faudra que vous fassiez un petit cahier, que vous partagerez en deux parties, puis en deux colonnes. En tête de l'une vous mettrez *reçu*, en tête de l'autre *remis*.

MADAME GARIBAUT. (*Elle brode.*)

Monsieur Rodolphe?

RODOLPHE.

Madame.

MADAME GARIBAUT.

Vous êtes secrétaire de cinq ou six sociétés de secours?

RODOLPHE.

Oui, Madame.

MADAME GARIBAUT.

C'est fort bien cela. Et que faites-vous pour vos pauvres?

RODOLPHE.

Nous leur portons des secours matériels et des secours moraux. Nous allons visiter les familles que la misère ou la douleur torturent. Nous adoucissons toujours et faisons disparaître quelquefois les souffrances physiques et surtout les souffrances morales.

MADAME GARIBAUT.

Vraiment ! toutes les souffrances morales ?

RODOLPHE.

Oui, Madame.

MADAME GARIBAUT.

Il y en a cependant que... Il est des situations pénibles ; par exemple, entre un...

RODOLPHE.

... Entre un mari et une femme, n'est-ce pas là ce que vous voulez dire, Madame ?

MADAME GARIBAUT.

Précisément.

RODOLPHE.

Notre tâche est difficile alors, mais nous nous élevons à la hauteur de notre mission. Nous étudions les causes du mal ou ses effets. Nous amenons les époux à se réconcilier, si faire se peut ; ou bien, si cela est impossible à cause d'une grande dissemblance d'âge ou d'idées, nous donnons des consolations en prouvant que le bonheur n'est pas ici-bas, mais là-haut, et que d'un amour trompé il faut en appeler à la Providence, qui a de mystérieuses compensations.

MADAME GARIBAUT.

Savez-vous que vous faites-là un métier fort dangereux. Il se peut faire qu'en parlant à une femme, à une épouse éplorée, car vous parlez aux femmes, n'est-ce pas ?

RODOLPHE.

Oui, surtout aux femmes. Elles comprennent beaucoup mieux et saisissent à demi-mot...

MADAME GARIBAUT.

Ah ! (*Bas.*) Décidément sa conversation est plus intéressante que je ne croyais. (*Haut.*) Je vous disais qu'en faisant à une femme vos beaux et bons sermons, il pouvait se faire que vous-même fussiez un peu ému, surtout lorsque la pénitente est jolie.

RODOLPHE.

Alors, Madame, je baisse les yeux, je cherche à penser à mon devoir... Je tâche d'oublier...

MADAME GARIBAUT.

Mais si vous n'oubliez pas, si... vous sentez votre cœur ému... si vous vous prenez à aimer, enfin ?

RODOLPHE.

Ah ! Madame, l'on n'est pas parfait. Quand l'amour vient,

nous le laissons venir ; mais nous le ressentons sans l'exprimer. Nous en souffrons, mais nous ne faisons pas souffrir les autres.

MADAME GARIBAUT.

C'est d'un noble cœur, cela.

RODOLPHE.

N'est-ce pas ainsi que vous aimeriez, Madame ? — Et puis, dans chaque colonne, vous mettrez successivement les sommes que vous avez reçues... N'est-ce pas ainsi que vous avez aimé ?

MADAME GARIBAUT.

Je n'ai jamais aimé, moi.

RODOLPHE.

Vous, Madame, n'avoir jamais aimé ? Et votre mari ?

MADAME GARIBAUT.

Lui ! Oh ! une sincère affection ! dont il ne s'est pas montré digne.

RODOLPHE.

Je l'ai bien compris tout à l'heure quand vous avez pleuré.

MADAME GARIBAUT.

Mais de l'amour, non. Je ne l'ai jamais ressenti.

RODOLPHE.

Madame, il ne faut jurer de rien... Sait-on, soi-même, si l'on n'a pas aimé, si l'on n'aime pas ? Avez-vous toujours eu la main sur votre cœur pour compter ses battements ?

MADAME GARIBAUT.

Vous direz ce que vous voudrez ; mais l'on sait toujours qui l'on aime, au moins à peu près.

RODOLPHE.

Non, pas toujours. On aime tout d'un coup, parfois ; on aime celui qui, à une certaine minute de l'existence, se trouve près de vous ; celui à qui l'on dit ce que l'on pense, souvent sans y faire attention ; celui qu'il y a quelques instants on ne croyait pas devoir aimer et que l'on aime maintenant parce qu'il vous a... compris.

MADAME GARIBAUT.

Mais si l'on n'est pas libre ?

RODOLPHE.

Les mains peuvent être enchaînées, mais le cœur peut-il l'être. Ne reste-t-il pas libre. Est-on maître de lui, Madame.

MADAME GARIBAUT.

Le devoir ?

RODOLPHE.

On ne l'oublie pas ! Mais, pour de telles situations, il est des amours mystérieuses qui n'empruntent rien aux plaisirs de la terre, et par lesquelles deux âmes se ravissent dans de saintes extases. Respectant ce qu'elles savent devoir au monde, elles transforment la passion profonde et ardente en divines amitiés qui consolent de bien des souffrances et rendent heureux sans rendre coupables.

(Il lui prend la main.)

MADAME GARIBAUT.

Monsieur !

RODOLPHE.

Un pressement de main devient la plus brûlante des déclarations, et sur cette main blanche et potelée un baiser... un simple baiser (*il en prend deux*) est la demande d'une de ces mystiques unions, qui font pressentir un paradis où la plus sublime fraternité échauffe, pénètre, fond et tord deux âmes dans un éternel amour !

MADAME GARIBAUD.

Si mon mari... Mais, Rodolphe, il est des entraînements...

RODOLPHE.

... Qui n'ont rien de coupable, si l'on ne succombe qu'après avoir résisté. La tentation est plus forte que nous, Madame, ce n'est plus être vaincu alors, c'est courber la tête, c'est se soumettre, c'est s'humilier ! Et qui donc est criminel en s'humiliant !

MADAME GARIBAUT.

Mais un tel amour, c'est la souffrance à tout instant ?

RODOLPHE.

Oui, c'est le martyre, mais le martyre mène au ciel.

(Il lui baise les mains.)

MADAME GARIBAUT.

Laissez-moi, je vous ai trop écouté... Si l'on nous voyait.

RODOLPHE.

Ce que je vous ai dit vous a-t-il donc déplu ?

MADAME GARIBAUT.

Non... Mais... en ce moment... je ne puis. Plus tard.

(Rodolphe, à genoux, lui baise les mains. — CATHERINE entre dans le salon; elle voit Rodolphe aux genoux de sa maîtresse et se cache derrière un rideau.)

RODOLPHE.

Tout à l'heure, je reviendrai avec ces dames... Si ce que je vous ai dit, vous l'avez cru, si vous avez souffert et si je vous ai consolée, si enfin, je puis... espérer... que ce soit à moi, le premier, que vous demandiez le denier de saint Pierre, lorsque vous ferez la collecte tout à l'heure, et alors je comprendrai que vous me donnez votre âme comme je vous donne la mienne. (*Il lui baise les mains.*) Adieu.

2

MADAME GARIBAUT.

Adieu.

SCÈNE VI.

MADAME GARIBAUT, CATHERINE (*qui sort de sa cachette*).

MADAME GARIBAUT.

Vous ici, que faites-vous là ?

CATHERINE.

Madame... je cherche, Monsieur.

MADAME GARIBAUT.

Ah ! oui, au fait !

CATHERINE.

Madame a-t-elle besoin de quelque chose?

MADAME GARIBAUT.

Non (*bas*). Oh ! je la renverrai, sans scandale.

(Elle sort.)

SCÈNE VII.

GARIBAUT, CATHERINE.

GARIBAUT (*Il entre lisant tout haut*).

« Salut à toi, Garibaldi, soldat vengeur de l'Indépendance Italienne ! » Ah ! te voilà Catherine !

CATHERINE.

Oui, Monsieur, me voilà.

GARIBAUT.

Tu ne me disais rien.

CATHERINE.

Non, Monsieur. Vous parliez avec vous-même, je n'ai pas voulu vous déranger.

GARIBAUT.

Et qu'est-ce que je disais.

CATHERINE.

Monsieur, vous disiez comme cela : Salut à toi, Garibaldi, soldat vengeur de l'Indépendance Italienne.

GARIBAUT.

Une belle phrase, n'est-ce pas? Tu l'as dite très-bien. — Répète-la.

CATHERINE.

Salut à toi, Garibaldi, soldat vengeur de l'Indépendance Italienne.

GARIBAUT

Tu n'aimerais pas mieux « Garibaldi, Salut à toi, soldat vengeur de l'Indépendance Italienne.

CATHERINE.

Moi, Monsieur, à vous dire vrai : cela m'est égal.

GARIBAUT.

Il y a une nuance, cependant, une toute petite nuance. Je sais bien, tu vas me dire que *belle marquise, vos beaux yeux* ou *vos beaux yeux, belle marquise,* c'est exactement la même chose.

CATHERINE.

Oh ! Monsieur, je n'ai pas dit cela.

GARIBAUT.

C'est-à-dire que tu aurais pu me le dire... Néanmoins, il y a une nuance et les nuances font les grands artistes... Ah ! Catherine, si tu savais combien je suis ému. Et ce n'est qu'à toi que je puis confier mon émotion ! J'ai, ma fille, quelques conseils, quelques avis à te demander au sujet de ma brochure.

CATHERINE.

Je suis incapable de cela, Monsieur, je sais lire et écrire le français, faire les quatre règles avec la preuve, mais je ne connais rien aux brochures.

GARIBAUT.

Je m'adresse à ton bon sens, à ton seul bon sens. Que ce soit lui qui me réponde, lui, le bon sens des masses ! Do s-je signer ou ne pas signer ma brochure. Si je ne la signe pas, elle perd la moitié de ses chances de vente. Mon nom, mon nom qui frappera tout le monde est, à lui seul, la plus grande des réclames. Chacun voudra voir là la pensée de Peppino.

CATHERINE.

Peppino, qu'est-ce que c'est que cela, Monsieur ?

GARIBAUT.

Peppino, c'est, en italien, l'abrégé de *Giuseppe*, Joseph, le prénom de Garibaldi. Moi aussi, je m'appelle Joseph. Ils diront : pur hasard, — et la Providence donc !.. Oui, on cherchera dans ma brochure les idées de Peppino... D'un autre côté, je ne peux pas le compromettre. Il doit ménager Cavour et le Pape. Mais, moi, moi je suis libre. Cependant ce serait lui lier les pieds et les mains..... Au reste, quand l'Empereur lira ma brochure.

CATHERINE.

L'Empereur lira cela, Monsieur ?

GARIBAUT.

Oui, et l'Impératrice aussi, et la cour et la ville. L'Empereur me fera, sans doute, appeler. J'irai... oui j'irai. C'est mon devoir... Je lui dirai... tout.

CATHERINE.

Ah ! mon Dieu !

GARIBAUT.

Oui, tout. On doit la vérité aux souverains. Sire, Votre Majesté ne doit pas attendre de moi... et bien d'autres choses encore. Je sais qu'ils me blâmeront au café Bordin ; ils diront que je me rallie. Je ne me rallie pas, je profite des circonstances ; je suis utile à mon pays. Moi, Garibaldi, je fais ici ce que Garibaut fait à Naples, et qui sait s'il n'est pas plus facile d'être Garibaut que Garibaldi... C'est-à-dire... je me trompe, mais non... enfin , passons... Peut-être l'Empereur m'offrira-t-il une place au Conseil d'État. Je refuserai. Il croira peut-être de son devoir d'insister... Non, je dois refuser, je refuserai.

CATHERINE.

Comment, Monsieur, l'Empereur vous offrirait de gouverner avec lui.

GARIBAUT.

Il ne m'associerait pas au trône, je ne le voudrais pas. Mais je serais conseiller d'État, j'élaborerais les lois, j'empêcherais les conflits entre les autorités administratives, les empiétements du clergé. Je *veillerai au salut de l'Empire.*

(Il chantonne.)

CATHERINE.

Ah ! Monsieur, vous feriez bien mieux de veiller au salut de votre tête.

GARIBAUT.

Oui, oui, l'envie s'armerait contre moi, je le sais, mais ma conscience me servirait de bouclier contre leurs traits. Les amis seraient furieux, je le sais encore, et que m'importe ! s'ils ne sont pas arrivés, c'est qu'ils étaient incapables. La politique est l'art de gouverner les sots, a-t-on dit. Donc il faut faire de la politique, être parmi les gouvernants sous peine d'être parmi les sots.

CATHERINE.

Vous aurez beau être gouvernant, Monsieur, vous n'en serez pas moins... gouverné.

GARIBAUT.

Que signifie cette franchise toute gauloise, et gouverné... par qui ?

CATHERINE.

Par votre femme, Monsieur.

GARIBAUT.

Je lui abandonne la direction de tout ce dont je ne daigne pas m'occuper.

CATHERINE.

Si vous lui abandonnez tout ce qu'elle prend ?

GARIBAUT.

Mais que veux-tu dire?

CATHERINE.

Oh! Monsieur, ce n'est pas par moi que vous le saurez.

GARIBAUT.

Mais tu m'inquiètes, ma petite Catherinette; qu'y a-t-il donc?

CATHERINE.

Vous voulez que je vous dise tout, et vous ne me tuerez pas.

GARIBAUT.

Non. (*A part.*) Tout? Je tremble.

CATHERINE.

Eh bien! Monsieur, il y a que...

GARIBAUT.

Quoi? achève.

CATHERINE.

Monsieur, je n'oserai jamais.

GARIBAUT.

Ose, te dis-je, ou bien.

CATHERINE.

Là, Monsieur, eh bien! Monsieur, j'ai vu tout à l'heure Madame avec M. Rodolphe, le neveu de Mademoiselle de Lausac.

GARIBAUT.

Je respire... Et qu'y a-t-il donc là d'extraordinaire. Une simple visite.

CATHERINE.

C'est que, ils . . . . Oh, Monsieur, j'ai honte.

GARIBAUT.

Ils. . . . Achève. Je n'ai pas une goutte de sang dans es veines.

CATHERINE.

M. Rodolphe était à genoux aux pieds de Madame, il lu baisait les mains!

GARIBAUT.

Ah !

CATHERINE.

Et puis . . . .

GARIBAUT.

Comment : et puis . . .

CATHERINE.

Et puis, il lui disait : «Que ce soit à moi, le premier, que

vous demandiez le denier de saint Pierre, quand vous ferez
la collecte, tout à l'heure, et je comprendrai que vous me donnez votre âme comme je vous donne la mienne. »

GARIBAUT.

« Que ce soit à moi, le premier, que vous demandiez le
denier de saint Pierre, quand vous ferez la collecte, tout à
l'heure, et je comprendrai que vous me donnez votre âme
comme je vous donne la mienne. » — Ce n'est pas clair.

CATHERINE.

Monsieur, si vous ne trouvez pas cela clair, vous y mettez
de la bonne volonté.

GARIBAUT.

C'est le denier de saint Pierre qui m'échappe.

CATHERINE.

Au fait, c'est vrai, vous ne savez pas que ces dames ont
organisé un comité pour la collecte du denier de saint Pierre.
C'est Mlle de Lausac qui est présidente. Madame est trésorière,
M. Rodolphe est secrétaire. Mlle Eugénie est archiviste. Voyez,
c'est écrit sur cette feuille de papier.

GARIBAUT.

C'est vrai. — Quelle horrible situation ! On vient. Grands
Dieux ! ma femme et ma sœur. Que va-t-il se passer ?

SCÈNE VIII.

MADAME GARIBAUT, EUGÉNIE, GARIBAUT, CATHERINE.

MADAME GARIBAUT (à *Eugénie*).

Encore ensemble. C'en est trop. Je ne puis supporter sa vue.
Je m'en vais lui dire tout ce que je pense !

GARIBAUT.

Eh quoi ! Madame, c'est vous qui parlez lorsque ce serait à
moi de me plaindre.

MADAME GARIBAUT.

Votre conduite est horrible.

GARIBAUT.

Madame !

EUGÉNIE.

Vous êtes un monstre.

GARIBAUT.

Ma sœur !

EUGÉNIE (à *madame Garibaut*).

Va, retire-toi dans ta chambre. Je vais lui parler, moi. (*A
Catherine.*) Et vous, drôlesse, sortez d'ici.

SCÈNE IX.

GARIBAUT, EUGÉNIE.

EUGÉNIE.

Maintenant, monsieur mon frère, allez-vous me dire ce que vous faisiez dans cette salle avec cette fille, votre servante.

GARIBAUT.

Je voudrais bien savoir de quel droit vous m'interrogez?

EUGÉNIE.

Du droit de l'épouse outragée, de la pudeur d'une sœur humiliée par votre conduite. Vous savez que je n'ai pas peur de vous, moi, répondez-moi donc. Que faisiez-vous ici avec Catherine.

GARIBAUT.

Eh bien! puisque vous m'interrogez ainsi, je vais tout vous dire : sachez donc que j'ai fait... une brochure... en l'honneur de Garibaldi.

EUGÉNIE.

Vous !

GARIBAUT.

Oui, moi ! Est-ce à dire que je n'en suis point capable !

EUGÉNIE.

Abonné du *Siècle*, vous êtes capable de tout. Et pourquoi l'avez-vous faite, cette brochure?

GARIBAUT.

Pourquoi Ah ! parce que... (*Bas.*) Non, je ne le dirai pas, à cause de lui; car on rirait... (*haut*) parce que j'ai voulu la faire...

EUGÉNIE.

Quelles sornettes me contez-vous là. Et qu'a de commun votre brochure avec l'affaire présente?

GARIBAUT.

Vous allez le savoir. Cette brochure que j'ai faite, je la lisais à Catherine !

EUGÉNIE.

A votre cuisinière !

GARIBAUT.

Et Molière, Madame, Molière tyrannisé, ridiculisé par sa femme comme je le suis par la mienne, abandonné de tous enfin, ne demandait-il pas conseil à sa servante. C'est ce que j'ai fait, moi !

EUGÉNIE.

Misérable, vous ne craignez pas d'accuser votre femme pour essayer de vous justifier !

GARIBAUT.

Faut-il vous dire que je sais tout !

EUGÉNIE.

Et moi aussi, je sais tout !

GARIBAUT.

« Que ce soit à moi, le premier, que vous demandiez le denier de saint Pierre, lorsque vous ferez la collecte tout à l'heure, et je comprendrai que vous me donnez votre âme comme je vous ai déjà donné la mienne. » — Là.

EUGÉNIE.

Que signifient toutes ces folies ! Ce n'est pas à moi que vous en ferez accroire. On l'a vu vous baiser la main. On sait tout, je vous le dis.

GARIBAUT.

Vous ne savez donc plus ce que vous dites. Oui, on l'a vu lui baiser la main, à elle !

EUGÉNIE.

Non, la vôtre, et à plusieurs reprises.

GARIBAUT.

Certes, à plusieurs reprises.

EUGÉNIE.

Et vous vous êtes laissé faire... et vous ne rougissez pas.

GARIBAUT.

Comment ! Mais non, morbleu ! je ne me laisse pas faire, je me fâche tout rouge !

EUGÉNIE.

Vous mentez, mon frère, vous les demandiez, ces honteuses caresses ! On vous a vu, on vous a entendu.

GARIBAUT.

Mais de qui diable parlez-vous donc ?

EUGÉNIE.

De Catherine et de vous. Mais de qui parlez-vous, vous ?

GARIBAUT.

De ma femme.

EUGÉNIE.

Qu'est-ce que cela signifie !

GARIBAUT.

Cela signifie, furie mal renseignée, cela signifie que ma femme a été vue se laissant baiser les mains par le jeune Rodolphe, qui était auprès d'elle.

EUGÉNIE.

Je vous dis, moi, que je ne connais pas cette sotte histoire ;
mais que votre femme vous a vu invitant Catherine à vous baiser les mains !

GARIBAUT.

Rodolphe, vous dis-je, attend d'elle, tout à l'heure, un gage
d'amour ! « Que ce soit à moi, le premier, que vous demandiez..... et je comprendrai..... comme je vous ai donné la
mienne. »

EUGÉNIE.

Dites-vous vrai, mon frère ?

GARIBAUT.

Certes ! trop vrai !

EUGÉNIE.

Je vais auprès de ma belle-sœur savoir à quoi m'en tenir
sur cette fable, dont je ne crois pas un mot, et que vous jetez
ainsi à la traverse pour vous disculper !

SCÈNE X.

GARIBAUT (*seul*).

Que d'événements se pressent autour de moi ! Quoi, ma
femme aurait tout vu ! tout entendu, peut-être ! Elle saurait qui
e suis ! quel sang coule dans mes veines ; ce secret, enfin, que
je voudrais cacher ! Elle n'en est que plus coupable..... Mais
ma brochure aussi cesse d'être un mystère ! Eh bien ! soit, je la
signerai ! *A Garibaldi,* brochure grand in-octavo, par Joseph
Garibaut.

SCÈNE XI.

MADAME GARIBAUT, EUGÉNIE, GARIBAUT,
puis CATHERINE quelques instants après.

GARIBAUT (*à part*).

Voilà ma femme. J'espère que c'est son pardon qu'elle vient
implorer ! Soyons calme, mais sévère, tel que doit être un juge
devant le coupable !

MADAME GARIBAUT.

(*A part.*) Il sait tout. Lui demander pardon, ce serait m'accuser moi-même. (*Haut.*) Monsieur, votre conduite est inqua-
lifiable !

GARIBAUT

En quoi, Madame ?

MADAME GARIBAUT.

N'avez-vous pas osé, dans cette maison même, sous mes
yeux, presque, avoir avec votre servante des entretiens coupables !

GARIBAUT.

Coupables, Madame, ils ne l'étaient point. Tenez, vous de-
vez savoir la vérité; il est donc inutile de dissimuler. Je l'ai
avoué à ma sœur; oui, j'ai fait une brochure où j'ai manifesté
hautement toutes mes sympathies pour la cause, les actes, les
idées d'un homme qui m'est cher à plus d'un titre, et qui devrait être le premier pour vous, après moi, de Garibaldi enfin !

EUGÉNIE.

Et que vient faire ici Garibaldi. Nous expliquerez-vous pourquoi Catherine baisait votre main.

GARIBAUT.

(A part). Elles ne savent pas mon secret. Je ne m'exposerai
pas au ridicule, moi et ma race, cachons-leur qui je suis (haut).
Oui, je l'avoue. Catherine a par trois fois baisé cette main,
mais c'était pour une cause politique.

EUGÉNIE.

Politique ?

GARIBAUT.

Oui, politique. Je le jure sur l'honneur ? Mais m'expliquerez-
vous à votre tour, Madame, pourquoi M. Rodolphe a osé...

MADAME GARIBAUT.

C'était pour des motifs religieux !

GARIBAUT.

Religieux ! Vous moquez-vous de moi ? Une femme doit à
son mari un compte plus exact de sa conduite, quand cette
conduite est criminelle

EUGÉNIE.

Et pourquoi cela, mon frère ?

GARIBAUT.

Or ça, ma sœur, une bonne fois pour toutes, ne vous mêlez
point de choses auxquelles vous n'entendez rien.

MADAME GARIBAUT.

(A Eugénie.) Merci, ma chère sœur. (A son mari.) Eh
bien ! je m'expliquerai. M. Rodolphe, resté avec moi pour or-
ganiser notre comité du denier de saint Pierre, a cru pouvoir
se permettre quelque galanterie dont il eût été dangereux de
se fâcher, c'eût été leur donner de l'importance. La faute
n'est pas grande et l'intention était bonne et religieuse, comme
je te l'ai dit.

GARIBAUT.

Ce n'est que cela, bien vrai. Et pourquoi ce comité, chez moi, dont les opinions sont bien connues, Dieu merci!

EUGÉNIE.

Pour vous faire enrager, mon frère, puisqu'il faut tout vous dire!

GARIBAUT.

Oh! ma femme, c'est bien mal, vous me faites bien de la peine.

MADAME GARIBAUT.

Ce n'est pas moi, c'est Mlle de Lausac qui a proposé...

EUGÉNIE (*à part*).

La voilà qui recule, qui a peur. Dieu! que les femmes sont lâches!

MADAME GARIBAUT.

Et toi? et toi? J'ai parlé franchement, seras-tu franc à ton tour?

GARIBAUT.

Eh bien! Oui. Voilà, je te l'ai déjà dit, je crois, j'ai fait une brochure, en secret. Elle est même très-bien cette brochure. tu la verras imprimée, grand in-octavo, chez Dentu. — Alors, j'en parlais à Catherine, qui devait remettre le manuscrit à un pauvre jeune homme paralysé des jambes, lequel devait en faire une copie. Et alors en parlant, je m'animais, je disais : si j'étais Garibaldi,—je disais cela à Catherine, tu comprends,— si j'étais Garibaldi, si j'étais là, devant toi, que ferais-tu? —Oh! Monsieur, — c'est elle qui disait cela, — je lui demanderais la permission de lui baiser la main. — Eh bien! ma fille, —je lui disais : c'est Garibaldi qui te répondrait cela. — Baise cette main, baise-la, baise-la. — Alors elle s'est mise à me baiser la main, voilà tout. Il n'y a pas de quoi fouetter un chien. Tiens, Catherine peut te dire si ce n'est pas la vérité, la pure vérité.

CATHERINE.

Oh! oui, Madame.

GARIBAUT.

Mais comment as-tu su?

MADAME GARIBAUT.

J'étais là, j'ai tout vu. .

GARIBAUT.

Alors tu dois te le rappeler!

MADAME GARIBAUT.

Oui, mais toi, qui t'a dit que...

GARIBAUT.

C'est Eugénie (*à part*) Attrape! bonne pièce.

MADAME GARIBAUT (*avec tendresse*).

Garibaut !

GARIBAUT.

Ma femme ! Si nous faisions la paix.

MADAME GARIBAUT.

Oui. Va... Mais il n'y a pas de paix sans traité.

GARIBAUT.

Eh bien ! soit, traitons ! Quelles sont tes conditions ?

MADAME GARIBAUT.

Tu renverras Catherine, elle aime trop Garibaldi.

GARIBAUT.

Ah mais ! Enfin, je lui ferai un cadeau. Toi, tu donneras ta démission de secrétaire du denier de saint Pierre et tu renverras et Mlle de Lausac... et M. Rodolphe.

MADAME GARIBAUT.

Pour cela, non, non, à moins que tu ne renonces à faire paraître ta brochure !

GARIBAUT.

Oh ! cela, jamais.

MADAME GARIBAUT.

Eh bien ! alors, je resterai trésorière.

EUGÉNIE (*à madame Garibaut*).

C'est bien ! de la fermeté !

MADAME GARIBAUT.

Tenez, Eugénie, laissez-moi. Vous ne faites que jeter de l'huile sur le feu !

SCÈNE XII.

LES MÊMES, PLUS **MADEMOISELLE DE LAUSAC**
ET **RODOLPHE.**

MADEMOISELLE DE LAUSAC.

C'est nous, nous voilà. (*A part.*) M. Garibaut ici.

GARIBAUT (*il la salue*).

Mademoiselle !

MADEMOISELLE DE LAUSAC.

Monsieur. (*Elle lui fait une révérence sèche. — A Mme Garibaut.*) Rodolphe apporte les statuts à notre charmante trésorière.

MADAME GARIBAUT (*bas à son mari*).

Acceptez-vous le traité ? sinon je reste trésorière.

GARIBAUT.

(*A part.*) Si je dois cacher mon nom, au moins que ma pensée vive. (*Haut.*) Non ! (*A part*) Et pourtant : « Que ce soit à moi, le premier, que vous... » (*Haut.*) Tiens, monsieur Rodolphe ; comment allez-vous, cher enfant, je ne vous avais pas vu.

RODOLPHE.

Fort bien, je vous remercie, et vous-même. Moi, je suis toujours très-occupé.

GARIBAUT.

Oui ! oui ! ma femme m'a dit que vous étiez dévoué à une tâche bien pénible et bien délicate !

RODOLPHE.

Il est vrai que notre mission est difficile, mais nous avons des compensations.

GARIBAUT.

Ah ! vous avez des compensations ! Mais, dans l'accomplissement de votre tâche, ne vous est-il jamais arrivé de vous trouver dans des situations... délicates.

RODOLPHE.

Que voulez-vous dire ?

GARIBAUT.

Lorsque vous êtes intervenu dans un ménage, par exemple, ne vous est-il jamais arrivé de tomber sur un mari mécontent, armé d'un bon bâton, et qui vous ait... hein? non. Eh bien ! il faut prendre garde. Parmi les ouvriers, il y a des gens grossiers. Les bourgeois, eux aussi, sont assez terribles lorsqu'ils voient un jeune homme se mêler des affaires de leur femme.

RODOLPHE.

Mais, Monsieur.

GARIBAUT.

Ce que je vous en dis, mon enfant, vous comprenez que c'est dans votre intérêt, parce que, moi, cela me serait égal !

RODOLPHE.

Vous ?

GARIBAUD.

Ah ! je disais : moi, cela m'est égal, parce que je sais ce que je ferais. Je brûlerais, tout net, la cervelle au papillon que je verrais voltiger auprès d'elle. (*Il montre sa femme.*)

RODOLPHE.

Je crois qu'il se doute de quelque chose. Mais, non, c'est impossible !

(Catherine entre.)

CATHERINE.

Madame, voici une lettre de la part de Mme Dubois.

GARIBAUT.

Ma petite Catherine, tu vas te dépêcher d'aller faire tes malles ; je te ferai une petite pension. Nous allons, avec ma femme, voyager dans l'Italie délivrée.

CATHERINE.

C'est bien, Monsieur. (*A part.*) Ils sont fous, tous ces gens-là ; mais, s'ils me paient, qu'importe !

MADAME GARIBAUT.

Vous permettez, Mesdames. (*Lisant*) « Ma chère amie, mon mari est un peu malade et me prie de rester à la maison auprès de lui. Je suis forcée d'y consentir. Bien à vous. Marie Dubois. — *Post-scriptum.* Je crois qu'il serait convenable de donner ma démission, car il me sera impossible de consacrer à notre œuvre tout le temps nécessaire. » — Allons, elle a fait la paix avec son mari !

EUGÉNIE.

Encore une lâcheté.

MADEMOISELLE DE LAUSAC.

Cela ne m'étonne pas.

RODOLPHE.

Eh bien ! Madame, malgré cette absence et cette démission, il me semble que le comité est constitué. Ne serait-il pas convenable de faire une première collecte ?

MADAME GARIBAUT (*bas à son mari*).

Voulez-vous ? songez que dans quelques instants il sera trop tard. Rendez-moi ce manuscrit qui est là dans votre poche.

GARIBAUT (*d'une voix sourde*).

Non !

MADAME GARIBAUT.

Prenez garde.

(Elle prend une aumônière. — Rodolphe, avec fatuité, met la main à la poche de son gilet.)

GARIBAUT (*qui a vu le geste de Rodolphe, à part*).

Allons, soumettons-nous ! J'en ferai copier deux exemplaires et je les léguerai à mes descendants ; ils seront pour eux une leçon et un exemple.

(Rodolphe s'avance au devant de Mme Garibaut, qui tient une aumônière.)

MADAME GARIBAUT (*à Rodolphe*).

Pardon, Monsieur. (*Elle tend l'aumônière à son mari*). Il faut rendre à César ce qui appartient à César.

GARIBAUT.

Oui, Mademoiselle, c'est bien mon nom ! (*A part.*) Hélas ! je ne devais me l'entendre donner qu'une fois, et comme une insulte !

EUGÉNIE.

Croyez bien, Monsieur, que je quitterais cette maison immédiatement, si mes affaires étaient en ordre ; mais mon notaire...

GARIBAUT.

Je vous prêterai de l'argent si vous voulez.

EUGÉNIE.

Insolent ! Vous seriez trop content, si je partais. Je reste pour vous faire endiabler !

MADAME GARIBAUT.

Dans leur fuite précipitée, ils ont oublié l'argent de la collecte.

GARIBAUT.

Eh bien ! il me vient une idée. Ce pauvre copiste du cinquième étage est misérable et impotent, si nous lui donnions cet argent, hein ?

MADAME GARIBAUT.

Oui ! tu as raison !

GARIBAUT.

Ma chère amie, rendons à Dieu ce qui appartient à Dieu.

MADAME GARIBAUT.

Ma foi ! tu me convertis. Vive Garibaldi !

28 décembre 1860.

Paris, imp. de L. TINTERLIN, 3, rue Neuve-des-Bons-Enfants.

BUREAUX D'ABONNEMENT, 13, QUAI VOLTAIRE, A PARIS

ET A LA LIBRAIRIE **DENTU**, PALAIS-ROYAL

PARIS........ Trois mois, **14** fr. — Six mois, **26** fr. — Un an, **50** fr.
DÉPARTEMENTS. Trois mois, **15** fr. — Six mois, **29** fr. — Un an, **56** fr.
ETRANGER..... Le port en sus, suivant le pays.

REVUE
EUROPÉENNE

RECUEIL

LITTÉRAIRE, POLITIQUE, SCIENTIFIQUE ET PHILOSOPHIQUE

Paraissant DEUX FOIS PAR MOIS, le 1er et le 15

Par livraison de 14 feuilles grand in-8° (224 pages d'impression)

Directeur : M. AUGUSTE LACAUSSADE

La *Revue Européenne* a rapidement conquis une place importante dans la presse périodique, parmi les recueils les plus estimés ; elle doit la faveur qui l'a accueillie dès son origine au concours assidu, au talent consacré des hommes éminents qu'elle compte parmi ses collaborateurs, autant qu'à cette portion notable du public qu'intéressent les travaux de l'esprit et les hautes investigations de la science.

Confiée aux soins d'une direction libérale, éclairée par l'expérience du passé, la *Revue Européenne* a cherché son originalité à une égale distance des sentiers frayés et des innovations bruyantes ; elle a voulu tenir compte de tous les éléments, accueillir les hardiesses heureuses, tout en maintenant la tradition et la règle.

A côté des noms les plus autorisés, elle a groupé d'autres noms ou plus jeunes ou nouveaux, à qui n'avait manqué jusqu'ici que l'occasion de se produire.

Quelques-unes des études philosophiques, littéraires, politiques ou économiques qui ont paru dans la *Revue* sont devenues des livres recherchés.

Le mouvement des esprits, les besoins du temps présent, les événements contemporains constatés, suivis, expliqués par des voix dont nul ne conteste l'autorité : tels sont les éléments qui forment dans la *Revue Européenne* un ensemble de publications du plus haut intérêt.

La chronique politique de la quinzaine, soigneusement étudiée, présente aux lecteurs un avantage que chacun peut apprécier, celui de pouvoir résumer avec exactitude la situation, en puisant ses renseignements aux sources les plus directes et les plus authentiques.

Chacune des livraisons de la *Revue* contient :

Des travaux de littérature, d'histoire, de philosophie et de science ;

Un courrier politique et littéraire des principaux centres de l'étranger ;

Une chronique musicale, des théâtres et des salons ;

Un bulletin financier ;

articles ou un Bulletin de Bibliographie.

www.ingramcontent.com/pod-product-compliance
Lightning Source LLC
LaVergne TN
LVHW021651170726
843501LV00007B/2503